FEDERICO MAYOR ZARAGOZA
EMILIO JOSÉ GÓMEZ CIRIANO

LA HORA
DE LA CIUDADANÍA.
Dignidad, derechos humanos
y cultura de paz

ediciones**hoac**.es

Consejo editorial de la HOAC
Paloma Becerra, Jorge Hernández, Ángel Aguas y Abraham Canales

Colección «Análisis y debate»
1ª Edición, enero 2026.
© Federico Mayor Zaragoza.
© Emilio José Gómez Ciriano. orcid.org/0000-0003-2493-1830

Colaboran
Comisión General de Justicia y Paz
Fundación Cultura de Paz

ISBN: 978-84-92787-75-3
Depósito Legal: M-516-2026

Diseño de cubiertas: Publicaciones HOAC.
Ilustración de portada: Pepe Montalva. Estudioja.com

Preimpresión e impresión: Gráficas Arias Montano, S.A.
Edición disponible en www.edicioneshoac.es

Ediciones HOAC
Alfonso XI, 4-4 • 28014 • Madrid
publicaciones@hoac.es
Teléf. 91 701 40 80

ÍNDICE

Presentación

Tienes en tus manos un pequeño gran tesoro: una llamada a la paz «desarmada y desarmante», según las palabras del papa León XIV. Este libro, *La hora de la ciudadanía. Dignidad, derechos humanos y cultura de paz*, quiere ser precisamente eso: una invitación urgente a tomar conciencia del momento que vivimos y a asumir el papel que corresponde a los pueblos frente a una deriva global cada vez más militarizada y excluyente.

Ediciones HOAC presenta con humildad y honor el trabajo póstumo de Federico Mayor Zaragoza, una de las voces más reconocidas del discurso del desarme y la justicia, un obrero de la paz hasta su fallecimiento en diciembre de 2024. Junto a él, Emilio José Gómez Ciriano, profesor en la Facultad de Trabajo Social de la Universidad de Castilla-La Mancha, recoge el testigo del llamamiento al protagonismo ciudadano por la paz, en coherencia con sus responsabilidades en la Comisión General Justicia y Paz de España y en la Federación Española de Derechos Humanos.

«Si Europa quiere evitar la guerra, Europa debe prepararse para la guerra». Con estas palabras, la presidenta de la Comisión Europea ha anunciado la fijación de 2030 como horizonte para alcanzar el mayor plan de rearme desde la Segunda Guerra Mundial. Es una variación de la vieja receta: «Si quieres la paz, prepárate para la guerra», diametralmente opuesta a la propuesta de Federico Mayor Zaragoza: «Si quieres la paz, prepárate para la palabra», «si quieres la paz, prepara la paz».

Poco podemos esperar de las clases dirigentes —o, más bien, dirigidas por la élite armamentística—. Es el pueblo, la ciudadanía que pone los muertos en las guerras, quien ha liderado históricamente la repulsa a la violencia y desarrollado la creatividad necesaria para la resolución no violenta de los conflictos. Por eso este libro subraya que ha llegado la hora de la ciudadanía, la hora de quienes, desde su igual dignidad, reclaman justicia, derechos humanos y paz real, no retórica.

«La verdadera propuesta revolucionaria de la noviolencia debe ser capaz de evidenciar la diferencia entre legalidad y legitimidad, así como proponer mediante la práctica un nuevo modelo de participación política compatible con la justicia so-cial» (Castañar Pérez, 2013), un planteamiento que raramente será bien acogido por el poder. «La represalia, el castigo y la reprobación llegarán para quienes despierten conciencias… y para quienes se posicionen en favor de la justicia y la paz», recuerda Emilio José Gómez Ciriano en este trabajo. Y resuena, como eco de fondo, la bienaventuranza evangélica: «Bien-aventurados los que trabajan por la paz, porque ellos serán llamados hijos de Dios. Bienaventurados los perseguidos por causa de la justicia, porque de ellos es el reino de los cielos».

El papa Francisco habló sin ambigüedades contra la guerra. Afirmó que toda guerra es inmoral y se apartó de las doc-trinas de la «guerra justa». Dejó claro que todas las guerras son malas: «el que mata a un ser humano es como si hubiera matado a toda la humanidad», y clamó: «nunca más la guerra». (*Fratelli tutti,* 258).

Acoge este libro como ocasión formativa personal para llegar a ser instrumento de paz, para que la humanidad coincida con los sueños de Dios que nos manifiesta el profeta Isaías (2, 4): «Entonces harán de sus espadas arados, de sus lanzas podaderas. No alzará la espada pueblo contra pueblo ni se prepararán para la guerra».

Comisión Permanente de la Hermandad Obrera de Acción Católica (HOAC).

Prólogo

El día 19 de diciembre de 2024 por la mañana recibía por correo electrónico la felicitación de Navidad de Federico Mayor Zaragoza. Esa misma tarde aparecía en los medios la noticia de su fallecimiento. Su felicitación de Navidad, profundamente resonante, había sido su despedida.

Unos meses antes Federico Mayor me había hecho llegar las páginas de su capítulo para un libro que, según habíamos acordado previamente, versaría sobre *Cultura de paz, ciudadanía y derechos humanos* y que sería publicado por la Hermandad Obrera de Acción Católica (HOAC). Este libro es el resultado de dicho acuerdo.

Sale a la luz el presente volumen en un momento en que los fantasmas del miedo y de la guerra cobran un protagonismo inusitado, poniendo en evidencia la fragilidad de los pilares que sustentan la convivencia pacífica y democrática entre las personas y los pueblos.

La inversión de ingentes cantidades de dinero en armas cuyo único fin es matar a seres humanos, destruir sus proyectos de vida y sembrar el mundo de personas huérfanas y viudas. Los desplazamientos forzados de millones de personas obligadas a dejar sus hogares a consecuencia de conflictos mientras son recibidas con animadversión en los países a los que acuden pidiendo asilo. El menosprecio de las vías de diálogo y del multilateralismo como vías de solución de conflictos hace necesaria una respuesta urgente desde la ciudadanía que asiste entre incrédula y atónita a esta realidad.

Con la presente obra se persigue suscitar una reflexión acerca del momento actual, al tiempo que se busca que no se pierda la esperanza de que es posible resistir al formidable embate al que están siendo sometidos los derechos humanos en un número cada vez mayor de países. Pretende, además, aportar argumentos frente a quienes deslegitiman el diálogo y la convivencia pacífica con el único objetivo de erosionar la democracia. Busca, en definitiva, concientizar y movilizar a la sociedad aportando argumentos realistas para no dejar avanzar discursos y actitudes que retrotraen a episodios oscuros de la historia de la humanidad.

Ojalá la lectura de esta obra contribuya a generar conciencia, indignación y esperanza entre la ciudadanía, como habría sido el deseo de Federico Mayor Zaragoza, y ayude a quienes lo lean a salir de los espacios de confort en que muchas y muchos se mantienen conmocionados y asustados.

Emilio José Gómez Ciriano

I. Cultura de paz y derechos humanos

Federico Mayor Zaragoza

«Evitar el horror de la guerra»

El sistema de las Naciones Unidas nace en San Francisco (EEUU), en 1945, para —como se inicia la Carta—: «Nosotros los pueblos»[1] hemos resuelto **evitar a las generaciones venideras el horror de la guerra».**

En un mundo "globalizado" a favor de una minoría que caracteriza los albores del siglo xxi, la sociedad civil tiene que desempeñar un papel crucial, potenciando la educación y la formación para un desarrollo global sostenible y humano, que permita participar a escala local, nacional y mundial, y unir las voces de todos para conseguir que las responsabilidades intergeneracionales sean tenidas en cuenta... antes de que sea tarde. Y desvivirnos unos por los otros, porque seremos todos conscientes del prodigio que representa cada vida humana: capaces de crear, de inventar el porvenir en el que han soñado tantas generaciones, situando el amor en el centro de todas las brújulas, ya que ha sido su ausencia la principal responsable de tantos episodios tristes, trágicos e inhumanos del pasado.

---

[1] https://www.un.org/es/about-us/un-charter/full-text

No son los grupos plutocráticos los que solucionarán las amenazas que se ciernen a escala planetaria. Tan difícil misión solo puede ser desempeñada por unas Naciones Unidas dotadas de los recursos humanos, técnicos y financieros adecuados, que integren a **todos** los países y sean realmente «los pueblos» quienes «construyan los baluartes de la paz» y aseguren **a todos una vida digna.**

En el Antropoceno[2] , enfrentados a procesos potencialmente irreversibles, debemos tener muy presente nuestro deber supremo: el cuidado de quienes llegan a un paso de nosotros. Traicionarlos constituiría un terrible error histórico.

Deber de memoria para conocer bien las lecciones del pasado y aplicarlas oportunamente. Desde el origen de los tiempos, con un poder absoluto masculino, ha prevalecido la razón de la fuerza *(si vis pacem, para bellum).* Ahora, por primera vez en la historia, los pueblos ya pueden expresarse. Ahora sí, ya es posible pasar de la razón de la fuerza a la fuerza de la razón *(si vis pacem, para verbum).* Desde el origen de los tiempos, siempre en la fuerza, siempre el dominio absoluto masculino.

Desde principios del siglo xx, todos los intentos en favor de la diplomacia, de la negociación, de la mediación… han fracasado. En 1919, el presidente de los Estados Unidos, Woodrow Wilson, crea la Sociedad de Naciones como fórmula idónea de conciliación al término de la Primera Guerra Mundial. El Partido

---

[2] Nota del editor. Período que, según algunos científicos, abarca desde mediados del siglo xx hasta nuestros días y está caracterizado por la modificación global y sincrónica de los sistemas naturales por la acción humana (RAE).

Republicano rechazó la excelente propuesta del presidente y se da la inmensa incoherencia de que el país que crea la Sociedad de Naciones nunca permitió su pertenencia a la misma... Y el fascismo y nazismo prevalecieron en Europa al tiempo que las propuestas guerreras del general Tanaka al emperador japonés Hiro-Hito alcanzaban proporciones continentales en Asia.

En los últimos años de la Segunda Guerra Mundial, el presidente Franklin Delano Roosevelt impulsó el diseño más ambicioso de multilateralismo democrático del siglo xx.

La primera frase de la Carta de las Naciones Unidas es el gran deber presente: «Nosotros los pueblos hemos resuelto evitar a las géneraciones venideras, el horror de la guerra"».

Hizo más: creó una Comisión para redactar la Declaración Universal de los Derechos Humanos presidida por una mujer, cuyo artículo primero proclama la igual dignidad de todos los seres humanos... Y la UNESCO, Organización de las Naciones Unidas para la Educación, la Ciencia y la Cultura, que debe forjar, personas «libres y responsables», cuya formación permita «elevar los baluartes de la paz en la mente de los hombres».

Se había logrado aunar formación, deberes y derechos para un mundo que estuviera a la altura del misterio que representa la humanidad, integrada por seres dotados de la capacidad de crear, de inventar un futuro personal y colectivo... Sin embargo, estas excelentes previsiones no se pusieron nunca en práctica por el veto que se otorgó simultáneamente a los cinco vencedores de la Segunda Guerra Mundial. **Hoy, ochenta años después de aquellos momentos luminosos y**

esperanzadores, nunca se han convertido en realidad tan esenciales posibilidades.

Durante décadas, la Guerra Fría entre los Estados Unidos y la Unión Soviética favoreció el papel central de «complejo bélico industrial» que, según la declaración del presidente Eisenhower en 1961, al pasar la presidencia a John Fitzgerald Kennedy, era donde radicaba realmente el poder del coloso norteamericano.

Solo lo inesperado, una nueva visión de la política radicalmente distinta, podría conferir esperanza a la humanidad. Y llegó con el nombre de Mikhail Gorbachev. Después de la monótona sucesión de mandatarios soviéticos, como Jrushchov, Brézhnev, Andrópov, Chernenko… aparece un sonriente secretario general del Partido Comunista (1985-1991) que imprime a la política rusa tres distintivos fundamentales: la transparencia (*glásnost*), la reconstrucción (*perestroika*) y un nuevo diseño institucional. En 1986, los días 10 y 11 de octubre, tuvo lugar en Reikiavik, Islandia, una reunión entre Reagan y Gorbachev, que hubiera podido convertirse en el principio de una nueva era: Gorbachev pone de manifiesto el riesgo de que la humanidad en su conjunto pueda verse afectada por las 17.000 ojivas nucleares, de las que disponen ambos poderes. «Mañana usted y yo debemos asomarnos a esta amplia ventana y comunicarle al mundo que la posibilidad de una catástrofe nuclear de alcance planetario ha desaparecido»… Al caer la tarde se había alcanzado una disminución notoria: quedaban 6.000 ojivas en cada uno, 12.000 unidades en conjunto en lugar de las 34.000 iniciales… Un gran paso, pero subsistía una inmensa amenaza para el conjunto de la humanidad. En este punto, Reagan anuncia que, «por razones de seguridad global», no puede seguir adelante.

La facultad prospectiva es ahora, en los albores del siglo xxi y del tercer milenio, especialmente relevante ya que, por primera vez desde el origen de los tiempos, la humanidad debe hacer frente a desafíos globales que, si no se abordan a *tiempo,* pueden alcanzar puntos de no retorno. Es, pues, tiempo de acción. Disponemos de una gran cantidad de diagnósticos pero ahora es indispensable la actuación oportuna. Y, en estas circunstancias cruciales, la ética del tiempo se convierte en uno de los principales referentes del comportamiento cotidiano, a todas las escalas, para evitar lo que constituiría una auténtica irresponsabilidad intergeneracional.

Debemos saber bien lo que ha acontecido, las lecciones del pasado. Debemos ser conscientes del presente y, sobre todo, **tener memoria del futuro... Memoria para saber actuar hoy para el porvenir que está por hacer. Esta es nuestra responsabilidad y nuestra esperanza: cada ser humano es el único capaz de crear.**

Memoria de que todos los seres humanos valen lo mismo. Memoria permanente de que no hay ciudadanos del mundo de clase preferente: ¡todos iguales en dignidad! Memoria de las generaciones que nos sucederán... Memoria de la Tierra entera. Memoria de todas las alboradas, de los «no incluidos», de los que emigran, de los que mueren en el desamparo. Memoria de la inmensa obra creadora de la humanidad pero, sobre todo, **memoria de cada ser humano, uno a uno, porque es el mayor y maravilloso patrimonio universal que tenemos que proteger.**

Memoria cada instante del «otro», de los «otros», ¡de nosotros! Memoria sobre todo, del amor al prójimo, próximo o distante, porque, como ya he indicado, es con frecuencia el supremo olvido, el supremo error.

Memoria de la misión esencial de los intelectuales, científicos, docentes, artistas... de liderar la movilización popular, el clamor, la voz debida, la voz de vida... a tantos que han tenido que permanecer silenciados, silenciosos, atemorizados, sumisos.... **Las comunidades científica, académica, artística, literaria, intelectual, en suma, deben situarse en la vanguardia de una gran movilización popular para actuar sin demora en rectificar las tendencias presentes.** Es exigible que se abran tantas manos cerradas y se tiendan tantos brazos todavía alzados.

Memoria, en suma, de la acción inaplazable. Ética del tiempo.

Ha llegado el momento impostergable de la acción consciente y bien argumentada de «Nosotros los pueblos». Porque ahora, por primera vez en la historia, poner en práctica la primera frase de la Carta de las Naciones Unidas —«Nosotros los pueblos... hemos resuelto evitar a las generaciones venideras el horror de la guerra»— es posible.

En 1945 era prematuro encomendar a «los pueblos» tan importante misión, porque «los pueblos» no existían: el 90 por ciento de los seres humanos nacían, vivían y morían en unos kilómetros cuadrados, la discriminación era total y el poder masculino absoluto e incontestable. Ahora, desde hace dos o tres décadas, se ha alcanzado progresivamente la igual dignidad humana, sea cual sea el género, la ideología, la creencia, la sensibilidad sexual, la etnia... Y, gracias en buena medida, a la tecnología digital, los pueblos ya pueden expresarse, ya tienen voz. Ahora ya pueden participar, ya pueden dejar de ser espectadores impasibles y ser actores diligentes.

Hoy, mujeres y hombres son dueños de su destino. Constituye una responsabilidad inédita que debemos ahora transformar en bien de la humanidad entera, para una ciudadanía consciente de las enormes cualidades que posee y que debe, por fin, utilizar sabiamente.

Está claro que el mundo no puede seguir gobernado por grupos plutocráticos y supremacistas (G6, G7, G8… G20) y con un poder de *facto* bélico-industrial que supera con holgura cualquier previsión bélica.

* * *

Mikhail Gorbachev insiste, pero en vano. La imagen de Eisenhower aparece de nuevo en la enorme influencia del complejo bélico industrial norteamericano y la total eliminación de las armas nucleares no se lleva, por desgracia, a cabo.

Pero de Reikiavik guardo otro muy importante recuerdo: también se originan allí los grupos G que, en adelante —iniciándose con el G6— representarán la gobernanza plutocrática, supremacista y belicista que debemos ahora, sin ulterior demora, eliminar en favor de la mediación, la negociación, la democracia.

En el año 2003, cuando el presidente norteamericano Bush Jr. promueve la invasión de Irak «por la posesión de armas de destrucción masiva», es la lúcida reacción del presidente francés Chirac, manifestando a través de su ministro Villepin y «en nombre de Europa», los motivos reales de tan comprometida acción militar, la que logra reconducir con rapidez tan escabrosa situación.

¡Europa! Hoy también se ha eliminado, por el requisito de la unanimidad, antítesis de la democracia, la capacidad de decisión de Europa y son el G7 y la OTAN las instituciones que representan, a pesar de todo, el gran reducto para la democratización de la gobernanza mundial.

Hubo en 2015 otro momento que hubiera podido esclarecer horizontes muy sombríos: el presidente de Estados Unidos, Barack Obama, llega a París en septiembre de este año y suscribe los Acuerdos de París sobre Cambio Climático. Magnífico: ya era hora de que no se sometiera la decisión al complejo G. A los dos meses, en la Asamblea General de las Naciones Unidas, firma la resolución de la Agenda 2030 «para cambiar el mundo». Parecía que se estaba iniciando una nueva era.

Por fin, pensamos con alivio, será posible reconducir las sombrías tendencias presentes... Pero todo el gozo en un pozo. El flamante nuevo presidente de los Estados Unidos de Norteamérica, Donald Trump, declara el mismo día de su nombramiento que no pondrá en práctica los Acuerdos de París ni la Agenda 2030. Y silencio. ¿Qué reacción en la Unión Europea?... ¿En el mundo? Silencio. Durante casi seis años, sometimiento, silencio. Delito de silencio. Deber de memoria.

La situación actual de la gobernanza mundial sigue inhabilitada por el veto. Es apremiante ahora reconocer sin ulterior demora que son «los pueblos», como establece la Carta de Naciones Unidas, los que deben asumir sus responsabilidades teniendo siempre en cuenta a las generaciones venideras.

Hasta hace poco, la discriminación era total, y no podían favorecerse manifestaciones populares, basadas científicamente y expresadas con toda la contundencia, especialmente al alcanzarse puntos de irreversibilidad. Por razón de género, etnia, creencia, ideología… era muy difícil imaginar movimientos ciudadanos de gran escala y capacidad de movilización. Era necesario poner en práctica resueltamente lo que dispone el artículo primero de la Declaración Universal de los Derechos Humanos: la igual dignidad.

Ahora, por fin, ya podemos. Ahora todos nos reconocemos iguales y somos capaces de expresarnos libremente. Ahora ya no podemos seguir prolongando situaciones de gobernanza mundial basadas, en último término, en la razón de la fuerza. Ahora debemos dejar de ser espectadores impasibles de lo que acontece y pasar a ser actores comprometidos y eficientes. Ahora ya podemos. Ahora ya debemos sin ulterior demora actuar de manera concertada para que sean, por fin, «Nosotros los pueblos» los que tomen en sus manos la responsabilidad del destino común. Ahora, por fin, ya podemos aparecer plenamente responsables ante las generaciones venideras. Éste, y no otro, debe ser el motivo de una gran acción concertada propia de una ciudadanía consciente, dispuesta a entrar en la nueva era de la Paz.

Ahora ya es impostergable desde un punto de vista ético evitar situaciones irreversibles en el clima, afectando la habitabilidad a escala planetaria. Ahora ya no hay disculpa. Ya no podemos volver a aceptar que nos indiquen que las propuestas realizadas por la Conferencia de las Partes sobre el cambio climático (COP) —¡que desvergüenza!— no son «vinculantes». La comunidad científica, académica y artística debe, de la mano y a escala mundial, poner en práctica las medidas apropiadas, rechazando el veto del G7 e instituciones militares.

Cultura de paz, cuya expresión suprema, insisto en ello, es el comportamiento cotidiano. Únicamente «Nosotros los pueblos», iguales en dignidad y capaces de expresarnos libremente, podemos reconducir la sombría situación actual y mostrar a todo el mundo que solo la mediación, la comprensión y la conciliación pueden proporcionar la paz de la nueva era a las generaciones venideras

Hace veinticinco años que, para sustituir la fuerza por la palabra, se aprobó en la Asamblea General de las Naciones Unidas una Declaración y Plan de Acción sobre Cultura de Paz. Ha llegado el momento de superar tantas resistencias, tantos vetos, de poner en práctica, para la Nueva Era, la principal propuesta de la Carta de las Naciones Unidas: «Nosotros los pueblos… hemos resuelto evitar a las generaciones venideras el horror de la guerra». Deber de memoria. Es nuestro deber impostergable cambiar, por fin, ¡el *bellum* por el *verbum*! La Resolución y Plan de Acción para una Cultura de Paz, elaborada en la organización del sistema de Naciones Unidas cuya finalidad es elevar los baluartes de la paz en la mente de los hombres, no pudo aprobarse en la UNESCO por la estricta vigilancia del G7.

Nunca más debemos ser espectadores de lo que acontece, sino actores incansables para la adopción de medidas que permitan, en circunstancias muy extremas, restablecer los principios de una ciudadanía, consciente y creadora, capaz de reconducir la situación actual

Deber de memoria, delito de silencio. Deber de memoria para no ser silenciados nunca más: ésta es la gran deuda con las generaciones venideras.

Sin justicia no hay paz. Sin paz no hay justicia

La gobernanza democrática se basa en la independencia de los poderes ejecutivo, legislativo y judicial. Las leyes que se adoptan en los parlamentos reflejan la voluntad popular. Son puestas en práctica por los gobiernos que resultan, igualmente, de la participación de los ciudadanos en las elecciones. Y corresponde a la justicia asegurar que, sin influencia alguna de cualquier índole, se respeten las normas y pautas decididas por el pueblo. Para que estas reglas supremas se observen cumplidamente son insoslayables dos premisas: que la ciudadanía sea libre y responsable (compartir, compadecer, convivir, cooperar) y que los jueces sean rigurosamente independientes. Como sucede con los científicos y los médicos, en el ejercicio de su profesión no debe influir ni ser determinante su ideología o creencia religiosa.

Desde un punto de vista personal, cada ser humano puede ser lo que juzgue más pertinente, haciendo pleno ejercicio de su libertad, siendo de una ideología u otra, de una creencia u otra... pero desde el punto de vista profesional, no. El científico debe actuar guiado exclusivamente por el conocimiento permanentemente verificado y contrastado. Igual sucede con el médico y con tantas otras profesiones, que se basan en aplicar con la máxima diligencia e imparcialidad la ciencia y tecnología más avanzada... sea cual sea el partido político en que se milita, sea cual sea su visión social y trayectoria humana.

Y, sobre todo, un juez —cuya representación es la de una balanza con los platillos exactamente situados al mismo nivel y los ojos vendados— tiene como misión suprema aplicar la ley, sin atender a influencias de índole alguna. Si considera que una ley debe mejorarse está en su mano y forma parte de sus competencias proponerlo a las instancias legislativas. Pero «interpretar» la ley en virtud de su sesgo político o de otra naturaleza es indebido e intolerable. Constituye un delito antidemocrático.

En cuanto a la «ciudadanía libre y responsable», creo de interés mencionar la Declaración de la Tolerancia que propuse precisamente con motivo de la celebración del 50 aniversario de las Naciones Unidas y de la UNESCO en 1995 y que debe ser, hoy más que nunca, la «hoja de ruta» a seguir. La palabra «tolerancia» se presta a confusión. La tolerancia no es magnanimidad ni indulgencia, ni se refiere a sentimientos de que algo pueda ser tolerable o intolerable. Consiste, básicamente, en saber aceptar las maneras de pensar, los modos de vida, las creencias y las ideologías de los otros. Por esas razones se incluyó, en el artículo primero de la Declaración, el papel clave de la tolerancia para la transición de una cultura de violencia, imposición, enfrentamiento y guerra a una cultura de encuentro, conversación, conciliación y paz. De la fuerza a la palabra, la gran inflexión histórica que se avecina.

La tolerancia es la premisa y la clave para la convivencia pacífica. Hoy más que nunca tenemos que despertar en la gente joven la convicción de que es posible superar los obstáculos e inventar un futuro distinto.

Al hablar de tolerancia y convivencia me vienen a la memoria las palabras expresadas por el expresidente de Portugal, Mario Soares, en la Universidad Autónoma de Madrid en enero de 2004 de que «la cultura de paz consiste en arraigar en el espíritu de las mujeres y de los hombres de nuestro planeta la universalidad de los derechos humanos y de la democracia, el valor del diálogo entre las culturas y las religiones, basado en el respeto por el otro, en la tolerancia, en el multiculturalismo».

Paz. «La paz sea contigo». Paz en uno mismo, en casa, en la escuela, en el lugar de trabajo, en la calle, en la aldea, en la ciudad. Paz a todos. Paz en la Tierra. Este es el más profundo anhelo humano desde el origen de los tiempos, inhacedero por el poder basado en la imposición y en la fuerza. Y esta paz solo es posible si hay tolerancia y respeto.

Ha llegado el momento del cambio y la autoestima. Ha llegado el momento de alzar la voz con tanta serenidad como firmeza. Ha llegado el momento de la emancipación ciudadana, de los pueblos libres. Con la violencia no se nace, se hace. Se genera particularmente con los ejemplos cotidianos que, por desgracia, menudean en el entorno existencial y por el aprendizaje de la historia, contada normalmente como un rosario interminable de conflictos y batallas. Nos hemos preparado para la guerra… y hemos hecho, lógicamente, aquello para lo que estábamos preparados. Ahora, está claro que queremos, en estos albores de siglo y de milenio, cambiar radicalmente de actitud y de pauta: «Si quieres la paz, contribuye a construirla con tu comportamiento cotidiano».

La igual dignidad humana —hay que repetirlo para que quede bien grabado— constituye el punto de referencia ético de unos *principios democráticos* que permitan «asegurar el respeto universal a la justicia, a la ley, a los Derechos Humanos y a las libertades fundamentales que, sin distinción de raza, sexo, idioma o religión, la Carta de las Naciones Unidas reconoce a todos los pueblos del mundo».

No son temas de Gobierno sino de Estado, no de unos mandatarios sino de la sociedad en su conjunto (civil, militar, eclesiástica). *Todos* deben sentirse implicados y beneficiados. Todos deben contribuir a facilitar la gran transición desde la razón de la fuerza a la fuerza de la razón; de la opresión al diálogo; del aislamiento a la interacción y la convivencia pacífica. Pero, primero, vivir. Y dar sentido a la vida. Erradicar la violencia: he aquí nuestra resolución. Evitar la violencia y la imposición yendo a las fuentes mismas del rencor, la radicalización, el dogmatismo, el fatalismo. La pobreza, la ignorancia, la discriminación, la exclusión... son formas de violencia que pueden conducir —aunque no lo justifiquen nunca— a la agresión, al uso de la fuerza, a la acción fratricida.

Considero que la aprobación por parte de la Asamblea General de las Naciones Unidas de la **Declaración Universal de los Derechos Humanos,** el día 10 de diciembre de 1948, constituye el acontecimiento más relevante del siglo xx. En efecto, pueden contarse con los dedos de la mano los textos, mensajes, sucesos... que hayan tenido tanto impacto en lo que, al fin y al cabo, realmente importa: *el comportamiento de la gente.* Desde siempre, los seres humanos han intentado hallar puntos de referencia éticos que orientaran sus pasos, especialmente en los momentos en que el hecho ineluctable de la existencia incidía de forma más directa en la toma de decisiones. ¿Qué hacer? ¿Qué respuestas podemos dar al misterio de la vida, de estar viviendo? ¿Quién soy, cómo soy, qué será de mí? Son indispensables asideros conceptuales, que faciliten a cada ser luces para caminar, ánimo para aventurarse. Mitigan el temor de su soledad estimulando el establecimiento de puentes y de lazos con los demás. Es esta alteridad, este sentimiento de destino común con todos los otros seres humanos, lo que confiere a la Declaración Universal de los Derechos Humanos (y de las correspondientes responsabilidades) el incontestable valor que la caracteriza.

Conforme a los derechos humanos, practicar la tolerancia no significa renunciar a las convicciones personales o atemperarlas. Significa que toda persona es libre de adherirse a sus propias convicciones y acepta que los demás se adhieran a las suyas. Significa aceptar el hecho de que los seres humanos, naturalmente caracterizados por la diversidad de su aspecto, su situación, su forma de expresarse, su conducta, su estilo de vida y sus valores, **tienen derecho a vivir en paz y a ser como son.** También significa que nadie ha de imponer sus opiniones a los demás.

¿Paz? Justicia en todas las múltiples facetas de la vida. La justicia social es particularmente relevante. Me quedó grabada esta frase de un labrador tortosino: *Si hi ha fam, no hi ha pau… Si no hi ha pá no hi ha pau…* (Si hay hambre no hay paz… si no hay pan no hay paz…).

La gobernanza neoliberal ha ampliado, en lugar de reducir, la brecha social.

Es ahora, después de la crisis financiera y de la pandemia COVID-19, cuando corresponde establecer —como prioridad a escala mundial— la justicia social… Y, para ello, aplicar la Agenda 2030, sabiamente adoptada en 2015 por la Asamblea General de las Naciones Unidas «para transformar el mundo».

Para una nueva economía y un nuevo liderazgo multilateral democrático.

Ya he referido que la espada de Damocles sigue amenazando a la humanidad entera.

Compartir aparece como la única solución para evitar las gravísimas desigualdades sociales y asimetrías de todo orden a que ha conducido el neoliberalismo globalizador.

Insisto —porque es una referencia esencial en mi comportamiento cotidiano— que es moralmente inaceptable que cada día mueran de hambre miles de personas al tiempo que se invierten en gastos militares y armamento más de 4.000 millones de dólares. Bastaría con una reducción razonable de estas ingentes y desproporcionadas cifras para que pudieran incrementarse rápida y sustancialmente las ayudas al desarrollo endógeno, sostenible y humano, en todo el mundo; se atendiera el crucial legado intergeneracional del medio ambiente, asegurando que no tenga lugar el deterioro irreversible de la habitabilidad de la Tierra; la cooperación internacional permitiría la puesta en práctica de las grandes prioridades de las Naciones Unidas (alimentación, agua, salud, ecología, educación, paz…); y, sobre todo, se haría posible el «nuevo comienzo» que preconiza la Carta de la Tierra.

Las alas para el vuelo alto en los tiempos que se avecinan no pueden estar lastradas ni presentar adherencia alguna. **Es apremiante situar al ser humano en el centro de toda política y estrategia.**

Es tiempo de acción, porque pueden alcanzarse puntos de no retorno. Ya disponemos de múltiples diagnósticos.

La mejor solución —aunque tengamos que sobreponernos a la inmensa inercia de quienes se aferran al perverso adagio de «si quieres la paz, prepara la guerra»— es el desarme (incluido, desde luego, el nuclear), **aplicando una parte razonable de los colosales medios dedicados a la seguridad territorial al desarrollo de todos los pueblos,** de tal modo que se haga realidad la igual dignidad y calidad de vida en todos ellos.

Sigamos la iniciativa a escala global del *International Peace Bureau* sobre «desarme para el desarrollo» y elevemos en el ciberespacio innumerables voces de justicia y paz.

Desarme para el desarrollo: así de sencillo. Para ello son necesarias unas Naciones Unidas refundadas con urgencia. La solución existe. Falta el coraje y liderazgo para aplicarla.

Es inadmisible, desde todos los puntos de vista, que toda la humanidad deba vivir permanentemente con la inmensa espada de Damocles que representan miles de artilugios nucleares capaces, por cataclismos, por error o voluntariamente, de activarse y destruir de golpe el misterio de la vida humana y de todos los seres. Es irresponsable que, para garantizar la hegemonía de los pocos, el destino de los muchos —¡de los todos!— se ponga en peligro.

Reaccionemos. No sigamos siendo espectadores impasibles. Levantemos la voz. Millones de voces —ahora que podemos expresarnos libremente— para que, de una vez, logremos liberarnos de esta colosal amenaza.

Como comentaré más adelante con detalle, tenemos centenares de aviones preparados para guerras que, por fortuna, no tienen lugar… pero sobre los que los interesados agoreros representantes del inmenso y siniestro complejo bélico-industrial no dejan de alertar. Bombarderos, misiles y escudos antimisiles, acorazados, submarinos… colosales arsenales para potenciales enemigos, pero ausencia total de preparación para el previsible y recurrente temporal airado, para los seísmos, para los tsunamis…

Son inaplazables la desaparición de los inoperantes grupos plutocráticos impuestos por el neoliberalismo, y la refundación de las Naciones Unidas, una de cuyas urgentes acciones sería la de coordinar todos los dispositivos adecuados, que deberían existir en todos los países circundantes, para situar en los lugares adecuados los medios tecnológicos que permitieran socorrer con eficacia.

Ya está bien. Estamos hartos de la cultura de guerra, de la inercia, de falta de preparación y acción concertada ante los problemas realmente importantes.

Desde el origen de los tiempos, la fuerza. Hoy, ya ciudadanos del mundo, exigimos que los grandes desafíos se resuelvan por el conocimiento y la palabra.

HACIA UNA CULTURA DE PAZ Y DE LOS DERECHOS HUMANOS EN TIEMPOS DE CRISIS

La seguridad siempre ha prevalecido sobre la paz. «Si quieres la paz prepara la guerra» sobre «evitar el horror de la guerra a las generaciones venideras» (Carta de las Naciones

Unidas). Para «elevar los baluartes de la paz» es necesario estar guiados por unos «principios democráticos» puestos en práctica por personas «libres y responsables», como define magistralmente a la educación la Constitución de la UNESCO.

La base conceptual de los Derechos Humanos es «la igual dignidad», y el derecho supremo a una vida digna. El pleno ejercicio de los derechos humanos es fundamental para la transición desde una cultura de imposición, dominio y violencia a una cultura de diálogo, conciliación, alianza y paz.

La inflexión histórica de la fuerza a la palabra se avecina.

Estamos haciendo frente a una crisis sistémica (ética, democrática, social, medioambiental, económica...) que requiere, en consecuencia, un cambio de sistema. Esa transformación de hondo calado, que podría constituir una auténtica inflexión histórica, es tan ineludible como difícil porque sobre todo en Occidente es prácticamente imposible, tanto conceptual como formalmente, desarraigar procedimientos y pautas que durante muchos años han prevalecido.

Es necesario que una economía de especulación, deslocalización productiva y guerra sea sustituida, con apremio, por una economía de desarrollo global sostenible. Es moralmente inaceptable que cada día mueran de inanición miles de personas cuando se invierte en armamento y gastos militares 4.000 millones de dólares al día.

Es pues, imprescindible, una cultura de diálogo, conciliación, alianza y paz que vaya tomando el relevo del ancestral poder absoluto masculino basado en la imposición, el dominio y la guerra. La actual gobernación por unos cuantos (grupos plutocráticos de 7, 8 o 20 países) debe ser rápidamente sustituida por un sistema refundado de Naciones Unidas eficiente y dotados de los recursos personales, técnicos y financieros necesarios.

Con el G7, G8, G20... se desoyen los angustiados llamamientos al cambio que instituciones científicas de todo el mundo no cesan de proclamar: los límites del crecimiento —preconizados desde la década de los 60 por la Unesco y el club de Roma— y las sabias medidas de la Agenda 21, fruto de la Cumbre de la Tierra celebrada en Río de Janeiro en 1992... la Declaración sobre los Deberes Intergeneracionales (UNESCO 1997)... la Declaración y Programa de Acción para una Cultura de Paz (UN 1999)... la Carta de la Tierra (2000), excelente referente para la conducta ciudadana a escala mundial... los Objetivos de Desarrollo del Milenio (ODM) de la II Cumbre de la Tierra en Johannesburgo (2002)... son sucesivamente desatendidos por el neoliberalismo dominante.

El tiempo de los «pueblos» se avecina. Las imposiciones de los poderes hegemónicos llegaron a su fin. Estamos a las puertas de un «nuevo comienzo».

Silencio en la UE, que cuantitativamente es irrelevante pero que sigue siendo muy importante desde un punto de vista cualitativo. Silencio. Silencio mundial, con algunas, pocas, débiles voces disidentes. ¿Por qué guarda silencio la Unión Europea? Al igual que las Naciones Unidas, por el veto que representa la «unanimidad» con que hay que adoptar decisiones relevantes, lo que equivale al veto de cada uno de los 27 países de la Unión. Es intolerable... como se ha demostrado después en la invasión de Ucrania. El interlocutor de Putin no ha sido la UE, inhabilitada, sino el Tratado Militar del Atlántico Norte… y el G7…

Sigue prevaleciendo la razón de la fuerza. Sigue soslayada la palabra… **Ahora que ya tienen voz «Nosotros los pueblos…».** Ahora que ya se está superando la discriminación… Ahora que ya, por fin, la cultura de paz y no violencia podría ser puesta en práctica por el encuentro, el diálogo, la conciliación, la alianza…

Ahora que, con grandes clamores populares **podría eliminarse el veto** de las Naciones Unidas y de la Unión Europea… Y aplicar un nuevo concepto de seguridad que no solo garantice la seguridad territorial sino la de las personas que habitan estos territorios tan bien protegidos: la alimentación, el agua potable, la sanidad, la educación, el medio ambiente…

Ahora que los pueblos ya podrían, a través de un multi-lateralismo diligente, **adoptar la Declaración Universal de Democracia…** Y procurar paz **en** la tierra y **con** la tierra… Ahora sí, ya podemos y es necesario movilizarse en favor de una gobernanza consciente y responsable. Recuerdo con frecuencia la frase de *Horacio Sapere* aude, «"atrévete a saber»… porque la acción política debe hoy estar a la escucha permanente del conocimiento… **Atreverse a saber y saber atreverse,** porque las generaciones que llegan a un paso de la nuestra no nos reprendan un día con la terrible frase de Albert Camus: «Les desprecio, porque pudiendo tanto se atrevieron a tan poco».

La violencia, venga de donde venga, debe condenarse con toda firmeza, haciendo recaer todo el peso de la justicia sobre los culpables. Deben coordinarse todos los servicios de inteligencia para actuar rápida y eficazmente.

Y, de forma serena, sin pausa, analizar las causas para prevenir nuevos desmanes. Para darse cuenta de que también sobre los fanáticos, racistas y xenófobos debe intervenir con diligencia la ley, porque su comportamiento es esencialmente contrario a la democracia. A quienes enaltecen —como los republicanos de los Estados Unidos, los partidarios de Le Pen en Francia o los nazis alemanes...— posiciones totalmente adversas al ejercicio de los Derechos Humanos y valores éticos, poniendo en peligro la seguridad y azuzando a los violentos, hay que enfrentarlos sin dilación.

Porque está claro que quien siembra humillación y desprecio es responsable de la cosecha de animadversión y odio.

Ya vemos a qué ha conducido la **sustitución del multilateralismo democrático por la plutocracia; los valores éticos por los mercantiles; la cooperación por la explotación.**

Se requiere, pues, un cambio radical de actitud para poder hacer realidad a escala global la igual dignidad de todos los seres humanos.

Los occidentales que promovieron la invasión de Iraq, basada en la presunción y la mentira, resultando en varias decenas de miles de muertos, mutilados y cinco millones de desplazados; que no supieron coadyuvar en el buen resultado de la «primavera árabe», desoyendo las voces de tanta gente; que han reducido drásticamente las ayudas al desarrollo en lugar de incrementarlas; y que no han sabido acoger, como corresponde y merecen, a refugiados y emigrantes; que se olvidan de la Justicia Universal y los más elementales derechos cuando van a negociar con países que se caracterizan por la continua violación de los más elementales Derechos Humanos... deben ahora dar un golpe de timón de gran envergadura, con el apoyo de una inmensa cantidad de ciudadanos que desean contribuir a generar horizontes menos sombríos.

«Nosotros los pueblos...» debemos ahora poner en primer plano nuestro comportamiento cotidiano para corregir las turbulentas tendencias actuales.

Insisto en que la única solución es un **llamamiento mundial** a la concordia, asegurando que en lo sucesivo se adoptarán **actitudes totalmente distintas.**

Nunca hay que justificar la barbarie terrorista, pero deben evitarse igualmente los aborrecibles comportamientos insolidarios y excluyentes. Es indispensable repensar muy serenamente desde las mismas raíces, para adoptar las medidas curativas y preventivas apropiadas, porque los tratamientos paliativos derivan en reincidencia.

Hace algún tiempo propuse la convocatoria urgente de una Sesión Extraordinaria de las Naciones Unidas para que, todos conscientes de lo que está en juego, **se aprueben medidas a escala planetaria que permitan «el nuevo comienzo» que promueve la «Carta de la Tierra».**

De otro modo, que nadie se engañe: volveremos a las andadas, a la acción y reacción, a las represalias y contra represalias...

Vamos, con coraje y lucidez, a cambiar de estilo de vida, de prioridades. La voz de la gente, de millones de personas, debe alzarse ahora para estos cambios. Es necesaria una gran movilización en las redes sociales. No seamos más espectadores impasibles. La indiferencia equivale a complicidad.

Ahora sí, ahora ya podemos poner en práctica los preceptos de la Carta de la Tierra y de la Declaración y Programa de Acción de una Cultura de Paz.

INELUDIBLES Y APREMIANTES NUEVAS PREMISAS. CAMBIO TOTAL DE PARADIGMA

- La sostenibilidad debe prevalecer sobre los costes (si sigue incrementándose la temperatura a escala mundial, se producirán efectos irreversibles que comprometerían gravemente la habitabilidad de la Tierra).
- Los intereses de las próximas generaciones sobre las presentes.
- Lo social sobre lo económico (no hay dinero para los refugiados y emigrantes... y cada mes el Banco Central Europeo ofrece 80.000 millones de euros al sistema bancario... En lugar de repartirse, los recursos se acumulan cada día en menos manos).
- Lo global sobre lo local (los fenómenos a escala planetaria afectan, en poco tiempo, los planteamientos de reducido alcance).

Cambio total de paradigma:
- La hegemonía de unos pocos por la convivencia solidaria de los muchos (desarme para el desarrollo).
- Las amenazas globales deben erradicarse: la amenaza

nuclear; el terrorismo, yendo a sus raíces (fanatismo, dogmatismo, supremacismo, extremismo, racismo…).

- Solo el mayor conocimiento puede resolver los problemas que tanto oscurecen los horizontes actuales: una transformación en profundidad requiere conocer en profundidad la realidad.

En resumen, debe acelerarse la transición histórica desde una cultura basada en la razón de la fuerza a una cultura basada en la fuerza de la razón.

Cuando hablamos de solidaridad, pensamos con frecuencia más en el socorro que en la ayuda. El socorro será más excepcional cuanto más habitual sea la atención a los más menesterosos, cuanto más habitual sea el ejercicio de la fraternidad, de la solidaridad. Se trata de ir reduciendo, internacionalmente, intranacionalmente, las asimetrías y disparidades, para tejer un nuevo tejido social de hebras de distinto color y tersura, de tal forma que, todos distintos, pero todos unidos, podamos evitar los desgarros, tan frecuentes como irreparables, que hoy proliferan en todo el planeta. Solo así podrán restañarse las heridas, solo así podrán mitigarse y evitarse tantas desventuras y sufrimientos por desamparo. Hebras distintas, pero todas ellas fuertes, resistentes, acostumbradas a soportar inclemencias. Hebras «fraguadas» en las escuelas, en las familias, en los medios de comunicación, en el trabajo, en la escucha.

Contamos para ello con un tesoro extraordinario que hay que saber descubrir en todos los seres humanos: la experiencia. La experiencia como balance de aciertos y de errores, de avances y retrocesos, riqueza —a veces tan inexplotada— de quienes han acumulado durante años y años saberes y destrezas. Juntos, podemos. Aislados, no. Todo se halla interrelacionado por sutilísimos e invisibles hilos y nadie puede arrogarse capacidades que implican, precisamente, la conjunción de muchos esfuerzos, de muchos trabajos orientados por unos grandes principios, más necesarios cuanto más adversas son las circunstancias, cuanto más profundas son las crisis.

No se debe trabajar *para* (la juventud, por ejemplo) sin trabajar *con*. Por muy buenas intenciones que tengamos, siempre terminaremos con un saldo incompleto, con una eficacia parcial. Por tanto, es necesaria la convergencia de visión global, mecanismos eficientes y actitud de escucha, para que la ayuda y la compañía estén a la altura de lo que se merece la dedicación voluntaria. Discretamente, sin llamar la atención, los sectores más vulnerables de la sociedad deben recibir el inmenso beneficio de la voluntad de *com-partir*, de *con-vivir*, de *com-padecer*, de no rendirse, de volver a plantar con amor semillas de esperanza en mentes ya cansadas de aguardar.

Debemos a los jóvenes un legado mejor del que ahora se adivina, y haremos todo lo posible para alcanzarlo. Pero son los jóvenes, los niños de hoy, los que deben prepararse para proseguir sin cesar, sin cejar, la labor de conservación, con su actitud cotidiana. La naturaleza y, sobre todo, los habitantes de la Tierra, todos iguales en dignidad, merecen este afán, este denuedo, este desvivirse que proporciona autoestima y felicidad.

Justicia es la palabra clave para aprender a ser solidarios cada día, para evitar situaciones crónicas y acciones heroicas, para crear con perseverancia una sociedad solidaria.

Delito de silencio: aunque nos cueste, tenemos que proclamar que no se cumple el Artículo I de los Derechos Humanos. Y que los vivos no valen lo mismo. Ni los muertos. Depende de dónde vivan. Depende de dónde mueran.

La acción solidaria no debe confinarse a las escalas técnica, táctica y estratégica. Es imprescindible alcanzar la política, la toma de decisiones. Hacer comprender que, desde cualquier ámbito (el institucional, el académico, el empresarial, el asociativo, el educativo...), la actuación política es la única manera viable de cambiar, entre todos, las circunstancias sociales que crean injusticia y desigualdades. Y de generar, desde la ciudadanía y, a la vez, desde la pluralidad, proyectos comunes que permitan la convivencia, mediante el diálogo y la acción conjunta.

Los colectivos que requieren mayor atención en España son las personas mayores, las discapacitadas, las familias en situación de gran precariedad, los jóvenes, los menores, la mujer, los adictos e inmigrantes... En los países más empobrecidos y marginados, las necesidades más importantes —aparte de las que requieren socorro— son las de desarrollo endógeno, necesario para su capacitación, para la adquisición de sus propios medios de diseño y realización de su futuro. Facilitar una ciudadanía activa y eficiente, en la que la autoestima es ingrediente esencial.

La transformación de la realidad presente requiere la solidaridad, el desprendimiento, la generosidad, sentimientos de alteridad sin los cuales el tránsito de una cultura de fuerza e imposición a una cultura de diálogo, entendimiento, conciliación y de paz no tendrá lugar.

Así se iniciaba el libro Mañana siempre es tarde, publicado hace ahora cuarenta años: «La discrepancia con la situación actual del mundo es, en mi opinión, moralmente obligatoria. La humanidad tiene que recorrer un trecho muy largo para alinear tantos desniveles, y los hombres que han tenido el privilegio o el mérito de su cultura deben ser los principales artífices de este cambio».

En efecto, nos encontramos en un momento crítico en la historia de la humanidad. Por fin, el poder absoluto que han ejercido algunos hombres sobre el resto de los hombres y todas las mujeres, puede ser sustituido, como tan lúcidamente establece el inicio de la Carta de las Naciones Unidas, por «Nosotros los pueblos...». Por fin, los pobladores de la Tierra pueden dejar de ser invisibles, anónimos, confinados territorial e intelectualmente en espacios muy limitados en los que nacen, viven y mueren sin ninguna proyección hacia el exterior, sin ningún conocimiento del resto del planeta. **Estamos viviendo momentos fascinantes que pueden, después de siglos y siglos de silencio y de sometimiento, procurar «la igual dignidad de todos los seres humanos».**

Cada ser humano único, capaz de crear. Esta es nuestra fortaleza, esta capacidad permite transformar muchos imposibles hoy en posibles mañana. Estamos en un momento en que, gracias a las modernas tecnologías de la comunicación y de la información, todos los seres humanos podrán progresivamente expresarse, en que la participación ciudadana será posible, en que la gente dejará de ser un número y se convertirá en person**as, dejarán de ser súbditos y serán ciudadanos plenos** que participan activamente en el diseño de **nuevos paradigmas de convivencia y bienestar común,** donde las grandes prioridades (alimentación, agua, salud, medio ambiente, educación, justicia, paz,...) alcancen a todos los seres humanos y no, como sucede ahora, escasamente a un 20 por ciento de los mismos.

Somos una sola comunidad terrestre con un destino común

Estamos ante una crisis sistémica, y **es necesario inventar el futuro.** «En tiempos de crisis, solo la imaginación es más importante que el conocimiento», proclamó Albert Einstein. El pasado ya está escrito y debemos describirlo fidedignamente para aprender las lecciones, para conservar lo que debe conservarse y cambiar lo que debe cambiarse. Pero —es crucial recordarlo y repetirlo cada día una y otra vez— nuestra gran esperanza es que el *por-venir* está *por-hacer* y que, por tanto, debemos superar la inercia que nos lleva a querer solucionar problemas de hoy con fórmulas de ayer y hallar o inventar los caminos del mañana.

En lugar del perverso adagio «Si quieres la paz, prepara la guerra», debemos ahora poner, todos juntos, «Si quieres la paz, ayuda a construirla cada día». Así, sin cesar, sin cejar en favor de los más vulnerables, de los más afectados, los más heridos, los más tristes, podremos mirar a nuestros hijos y nietos a los ojos y decirles: «Hemos hecho cuanto pudimos».

Ha llegado el tiempo de transitar de una cultura de guerra a una cultura de paz. No es solo una posibilidad sino una exigencia ética, un compromiso insoslayable con nuestros descendientes.

Deber de memoria. Deber de memoria con las víctimas, con los que se fueron para siempre, con los que se han quedado con tanto sufrimiento... Las víctimas no tienen partido, ni color de piel, ni pertenencia otra que la de haber sido arrollados por la violencia.

Deber de firmeza y coraje con quienes atenten contra la vida de los demás, dando a veces la suya, víctimas también del terror, del fanatismo, de la ignorancia, de la superstición y el sometimiento.

En el Manifiesto 2000 —Año Internacional para una Cultura de Paz— suscrito por más de 110 millones de personas de todo el mundo, se establece «el compromiso, en mi vida cotidiana, en mi familia, en mi trabajo, en mi comunidad, en mi país, en mi región a: respetar todas las vidas; rechazar la violencia; liberar mi generosidad; escuchar para comprenderse; preservar el planeta y reinventar la solidaridad». De esto se trata, de involucrarnos, de *implicarnos personalmente* en este proceso que puede conducir, en pocos años, a esclarecer los horizontes hoy tan sombríos y permitir la convivencia pacífica de todos los habitantes de la Tierra.

La Unión Europea debe dejar de ser tan solo una comunidad económica y completar su metamorfosis en una verdadera unión, abriendo de par en par puertas y ventanas, hoy tan cerradas —y algunas, además, convertidas en espejos—. Deberá construir puentes de solidaridad para superar los abismos que nos separan, cumpliendo las promesas que les hicimos. Este es el gran papel que puede desempeñar Europa: el de faro, el de bastión de los valores de la democracia, de los principios universales tan necesarios y apremiantes —en los aspectos sociales, medioambientales, culturales y morales— en estos sombríos inicios de siglo y de milenio.

Es tiempo de acción para hacer posible «un nuevo comienzo». Es tiempo de no callar. Es tiempo de unir voces y manos. Eduardo Galeano, que nos inspira permanentemente, escribió que los «abuelos de la humanidad sobrevivieron contra toda evidencia porque fueron capaces de compartir y supieron defenderse juntos». Nos hallamos ante procesos potencialmente irreversibles. Es imperativo cumplir con nuestras responsabilidades intergeneracionales.

A veces, ante la magnitud de las necesidades y la precariedad de los medios, nos sentimos abrumados y nos invade la tentación de desistir. Tenemos entonces que recordar la voz serena de la Madre Teresa de Calcuta, que posee toda la fuerza de su portentoso ejemplo: «Sí: sois como una gota en el océano. Pero si esta gota no existiera, si esta gota se retirara, el océano la echaría de menos».

II. La hora de la ciudadanía

Emilio José Gómez Ciriano

orcid.org/0000-0003-2493-1830

La necesidad de volver a alzar la voz ochenta años después

El martes 26 de junio del año 1945, en la ciudad estadounidense de San Francisco, se promulgó solemnemente la Carta de las Naciones Unidas. Su Preámbulo reza así:

«Nosotros los pueblos de las Naciones Unidas

Resueltos a preservar a las generaciones venideras del flagelo de la guerra que dos veces durante nuestra vida ha infligido a la Humanidad sufrimientos indecibles.

A reafirmar la fe en los derechos fundamentales del hombre, en la dignidad y el valor de la persona humana, en la igualdad de derechos de hombres y mujeres y de las naciones grandes y pequeñas.

A crear condiciones bajo las cuales puedan mantenerse la justicia y el res peto a las obligaciones emanadas de los tratados y de otras fuentes del derecho internacional.

A promover el progreso social y a elevar el nivel de vida dentro de un concepto más amplio de la libertad.

Y con tales finalidades a practicar la tolerancia y a convivir en paz como buenos vecinos.

A unir nuestras fuerzas para el mantenimiento de la paz y la seguridad internacionales.

A asegurar, mediante la aceptación de principios y la adopción de métodos, que no se usará la fuerza armada sino en servicio del interés común.

A emplear un mecanismo internacional para promover el progreso económico y social de todos los pueblos.

Hemos decidido aunar nuestros esfuerzos para realizar estos designios».

El Preámbulo reflejaba un momento histórico de conciencia existencial global en que «los pueblos de las Naciones Unidas» expresaban su intención de poner fin de una vez por todas a la guerra como vía de resolución de conflictos y abogar por la paz en el marco de una nueva estructura de multilateralismo. Recogía esta declaración el espíritu del mensaje que el presidente Roosevelt había pronunciado cuatro años antes en su alocución el Congreso de los Estados Unidos:

> «En los años venideros perseguiremos un mundo basado en cuatro libertades que serán garantizadas para todos sus habitantes: Libertad de expresión, libertad de creencias, libertad de no pasar necesidades materiales y libertad de no tener miedo».

> «Este deseo no es para un milenio lejano, sino la base definitiva para un mundo posible en nuestro tiempo y en nuestra generación. Este mundo será la antítesis del mundo que los dictadores tiranos quieren crear a base de bombas» (Roosevelt, 1942).

No pasaría mucho tiempo —apenas dos meses de la promulgación de la Carta— hasta que Estados Unidos lanzara sendas bombas atómicas sobre las ciudades japonesas de Hiroshima y Nagasaki matando a cientos de miles de personas y mostrando así que las potencias vencedoras de la guerra no iban a permitir que la recién nacida organización quedara fuera de su control. Revelaban, además, que su prioridad no se encontraba en poner en el centro de sus políticas el respeto a los derechos humanos.

Estas intenciones se vieron afortunadamente truncadas con la promulgación de la Declaración Universal de los Derechos Humanos el 10 de diciembre de 1948 que demostró que, pese a todo, sí había espacio en el marco de las Naciones Unidas para su promoción, defensa e incluso monitorización. Su aprobación fue todo un logro en un contexto internacional que ya «olía» a Guerra Fría y se produjo gracias a tres factores:

En primer lugar: La presión social ejercida a través de organizaciones de derechos civiles, confesiones religiosas, movimientos anticoloniales y pacifistas, líderes de prestigio como Aimé Césaire, Mahatma Ghandi, Frantz Fanon, entre muchos otros, además de medios de comunicación que abogaron a favor de un marco supranacional de protección de los derechos humanos que fuera capaz de poner coto a la impunidad de los estados en sus actuaciones. Esta presión resultó insoportable cuando se hicieron públicos los informes y documentos gráficos que revelaban el horror de los campos de concentración nazis y que demostraron lo que un estado sin ningún tipo de control podía llegar a hacer.

Como señala Glendon:

> «Entre las ruinas algo nuevo estaba bullendo. Una vez terminada la guerra, una vez habían repicado las campanas de victoria, se despertaron una serie de sentimientos entre las mujeres y los hombres hasta en el último rincón de la tierra. Tanto militares como civiles

se habían hecho conscientes de que las cosas no tenían necesariamente que ser del modo que habían sido. En el Sudeste asiático y el Norte de África crecía la rabia contra el Reino Unido, Francia, Holanda y otras naciones cuando se comprobó que eran renuentes a abandonar sus imperios coloniales».

El hartazgo de la población que no quería que se reprodujeran la incertidumbre y miseria que habían desembocado en las dos grandes guerras supuso un eficaz «dique de contención» frente a la maniobras de las grandes potencias de monopolizar el discurso posbélico y poner otra vez en funcionamiento sus inercias de dominación mientras escenificaban un «borrón y cuenta nueva» frente al fascismo y el nazismo.

En segundo lugar: El coraje y la lucidez de algunas de las personas que formaron parte de la comisión encargada de redactar la Declaración Universal de los Derechos Humanos, entre los que destacaban René Cassin (Francia), Hansa Mehta (India) o Charles Malik (Líbano). Personas cuyas reflexiones y posturas resultaron decisivas para que el texto final tuviera la forma que hoy conocemos y no uno más edulcorado y descomprometido.

Finalmente, el papel desempeñado por la presidenta de la Comisión Eleanor Roosevelt, mujer de profundas convicciones religiosas cuyo papel de coordinación combinaba el talante mediador, la audacia política, el profundo compromiso por los derechos y un acusado sentido de empatía con el sufrimiento humano que resultaron providenciales a la hora de resistir las presiones a las que se vio sometida a lo largo de todo el proceso que llevó a la aprobación de la Declaración. Una mujer que cada noche recitaba la siguiente oración (la adaptación es nuestra):

«Padre nuestro, que has puesto la inquietud en nuestros corazones y nos has hecho a todos buscadores de aquello que no podemos obtener plenamente. Ayúdanos a no estar satisfechos con nuestras vidas.

Aléjanos de la contemporización y la acomodación y ayúdanos a poner nuestra mirada en metas lejanas.

Mantennos ocupados y ocupadas en tareas que nos supongan esfuerzo de modo que podamos confiar en tu fuerza para llevarlas a cabo.

Líbranos tanto de la irritabilidad como de la autocompasión y haznos sentir que existe el bien que no podemos ver y aquel otro que se encuentra oculto en el mundo.

Abre nuestros ojos a la belleza sencilla que nos rodea y nuestros corazones al amor de todas aquellas personas, hombres y mujeres que se alejan de nosotros y nosotras porque sienten que no deseamos entenderles

Sálvanos de nosotros mismos y ayúdanos a tener en el horizonte la visión de un mundo hecho nuevo» (Roosevelt-Glendon).

A la Declaración Universal de los Derechos Humanos sucedieron dos grandes tratados que le daban contenido y continuidad: «El Pacto Internacional de Derechos Civiles y Políticos» y el «Pacto Internacional de Derechos Económicos, Sociales y Culturales». Ambos en vigor desde 1976 y dotados de mecanismos de recepción de quejas y de foros donde los estados miembros deberían rendir cuentas. Además, se abrió la posibilidad a ciertas vías de justiciabilidad para los estados que así lo declararan.

Muchos otros tratados, convenios y convenciones de derechos serían promulgados en ámbitos como la infancia, la migración, el asilo, la protección a la mujer y la niña , la discapacidad y muchos otros dando así lugar a lo que actualmente se conoce como el Derecho Internacional de los Derechos Humanos.

Multilateralismo versus plutocracia

La apuesta por el multilateralismo no quedó circunscrita al ámbito de las Naciones Unidas, sino que se extendió a otras regiones geográficas. Así en Europa, Winston Churchill abogaría, en un célebre discurso pronunciado en 1946 en la Universidad de Zúrich, por la constitución de una «Familia europea de justicia, misericordia y libertad» a través de la creación de unos «Estados Unidos de Europa» que disuadieran para siempre a los países europeos de volver a entrar en conflicto entre ellos. Una intuición que junto a las de personajes como Adenauer, De Gasperi, Monnet, Schumann o Spiinelli, acabarían cristalizando en lo que hoy conocemos como el Consejo de Europa y la Unión Europea.

En otras latitudes surgirían también organismos multilaterales como la Organización de Estados Americanos (OEA), la Organización para la Unidad Africana (OUA), la Liga Árabe o la Asociación de Naciones del Sudeste Asiático (ASEAN).

Paralelamente se iría desarrollando el armazón de una Jurisdicción Internacional de Derechos Humanos con competencia supraestatal y cuyos referentes más conocidos son el Tribunal Penal Internacional, el Tribunal Europeo de Derechos Humanos, la Corte Interamericana de Derechos

Humanos o la Corte Africana de Derechos Humanos y de los Pueblos.

La amenaza de las plutocracias

Los grupos plutocráticos representan la antítesis del multilateralismo. Su ambición es controlar la política y la economía internacionales sin tener que rendir cuentas ante nadie. Su opacidad y carácter no formal facilitan su influencia en la sombra. Participan en sus encuentros representantes de gobiernos, instituciones académicas, corporaciones financieras, grandes magnates, dueños de redes sociales... entre muchos otros

La mayor parte de ellos (G7, Foro de Davos, Club Bilderberg) surgen desde el temor al multilateralismo y como reacción a este. Es por ello que encuentran su momento de máximo esplendor coincidiendo con el debilitamiento de los sistemas de bienestar. Es por ello también que en su seno los derechos humanos no son vistos como una prioridad a alcanzar sino fundamentalmente como un obstáculo a erradicar tal y como revela Susan George en su novela de ficción: *El informe Lugano II*)

«Esperamos haber propuesto algunos objetivos valiosos:

Minar selectivamente la doctrina obsoleta de los Derechos Humanos, que favorece los bienes colectivos y no fomenta la responsabilidad personal.

Debilitar la democracia que crea desorden y es demasiado lenta para el orden mundial.

Desmantelar el Estado del Bienestar que ha llegado demasiado lejos y sale demasiado caro» (Susan George, 2013)

La tentación de retirarse a los cuarteles de invierno... hasta que escampe

En su alocución a la 80ª sesión de la Asamblea General de Naciones Unidas el presidente de los Estados Unidos Donald Trump, afirmaba lo siguiente:

> «No solamente las Naciones Unidas no están solucionando problemas sino que están creando problemas para que otros los resuelvan».

Declaraciones como la anterior contrastan fuertemente con las que había hecho el presidente Roosevelt ante el Congreso de los Estados Unidos en 1942 y tienen como principal objetivo erosionar el sistema multilateral de Naciones Unidas. La desaparición del multilateralismo supone nada más y nada menos que dejar vía libre a los conflictos y despejar el camino a los autoritarismos. Algo que hoy se vuelve a ver como una amenaza.

Conmoción y pavor

El sentir actual de buena parte de la ciudadanía es de conmoción y aturdimiento: Cómo es posible que en pleno siglo XXI el mundo vuelva a estar amenazado por una guerra. Cómo puede ser que discursos militaristas y xenófobos que se creían definitivamente erradicados resurjan con tanta fuerza y que instituciones que parecían garantes de estabilidad democrática se estén desmantelando (Fouteau, 2025).

Conviene no caer en la trampa de pensar que la situación actual es fruto de una casualidad o de los vaivenes de la historia. Lo que parece haber surgido de manera repentina se lleva gestando durante largo tiempo y ha estado dando «señales de vida» a partir de actuaciones aparentemente puntuales y desconectadas entre sí. Actuaciones que buscan la securitización y vigilancia progresiva de las ciudades, la privatización del espacio público, los recortes de los sistemas de protección social, la falta de interés por lo comunitario... Todo ello afecta directamente a los derechos de las personas, crea fracturas sociales y trunca proyectos de vida aunque la ciudadanía no sea siempre consciente de esta realidad.

Generar descontento y conmoción forma parte de la estrategia de dominación de quienes detentan el poder. Zygmunt Bauman en su obra *Miedo líquido: la sociedad contemporánea y sus temores* afirma:

> «El miedo es el nombre que damos a nuestra incertidumbre, a nuestra ignorancia respecto a la amenaza, a no saber lo que hay que hacer» (Bauman, 2006)

Por su parte Ullman y Wade (1996) explican cómo desde determinados espacios de poder se desarrolla la estrategia denominada *shock and awe* (conmoción y pavor) que tiene como fin desorientar a la persona e impedirle controlar su entorno para que no pueda reaccionar con calma ante una situación que ella percibe de riesgo lo cual es aprovechado por quien genera la situación para asentar su poder, recortar derechos y deshacerse de quien le haga sombra o le resulte incómodo. (Fouteau, 2025)

Esta situación de *shock,* unida a la poca conciencia de derechos de la ciudadanía en un contexto de miedo e incertidumbre es lo que explica la frágil respuesta que se está dando al deterioro de la democracia y también permite entender la tentación de «esconder la cabeza debajo del ala» y esperar a que escampe. De «volver a los cuarteles de invierno».

Recordar, resignificar y recomponer: tres «R» contra el miedo

Sustraerse a la conmoción y al miedo es una tarea ardua que, sin embargo, es imperativo afrontar porque el miedo que no se confronta lleva a su normalización primero, a su justificación después y finalmente a la adhesión a las narrativas que lo sostienen.

Conocer las raíces del miedo y poner palabras a lo que lo produce, facilita que éste se pueda desafiar y permite concentrar las fuerzas en su erradicación. Como afirma Bauman en *Miedo líquido:*

> «Extraña, aunque habitual y familiar es la sensación de tranquilidad y la repentina inyección de coraje y energía que se siente, cuando después de un largo periodo de inquietud, ansiedad, premoniciones oscuras, días llenos de aprensión y noches sin dormir, finalmente confrontamos el peligro real: la amenaza que se puede ver y tocar» (Bauman, 2006)

Desarrollar una estrategia que permita identificar y desenmascarar el miedo es esencial. Esta estrategia se compone de tres verbos: Recordar, resignificar y recomponer, «tres R» para derrotar al miedo.

Recordar

Recordar (volver a pasar por el corazón) es tanto como volver sobre los hechos del pasado desde una memoria consciente y empática .

En una conferencia pronunciada en la Universidad Loyola de Chicago con ocasión de la presentación de su libro *La doctrina del shock* la escritora Naomi Klein afirmaba:

> «Un estado de shock no es solo lo que nos sucede cuando algo malo pasa. Es lo que nos pasa cuando perdemos nuestra narrativa, cuando perdemos nuestras raíces, cuando nos desorientamos. Lo que nos mantiene orientados, alerta y sin shock es nuestra historia» (Klein, 2009).

Desarrollar una conciencia histórica que ayude a dimensionar acontecimientos y situaciones, que permita entender por qué se ha llegado al punto en que actualmente nos encontramos, que permita descubrir la aportación propia en la historia, el lugar que cada uno y cada una ocupa en ella bien sea como víctima, como victimario o como «ileso» (Belmonte, 2022) es imprescindible para que ese lugar en el que la historia nos ha colocado sea lugar de transformación social.

Resignificar (la ciudadanía)

Tradicionalmente se ha identificado la ciudadanía con ejercicio de derechos civiles y políticos (sufragio activo y pasivo, derechos de reunión, asociación y manifestación, la libertad de expresión o derecho a no ser detenido arbitrariamente, etc). No es sin embargo tan común la identificación de la titularidad de los derechos sociales, económicos, y culturales con el ejercicio de la ciudadanía. Ello a pesar de que Naciones Unidas lleva desde la década de los 90 insistiendo en que tanto unos como otros están interrelacionados, son interdependientes y tienen la misma jerarquía.

La razón del distinto tratamiento hacia unos y otros derechos por parte de los estados no es casual. Reconocerlos como derechos subjetivos implica apostar por promoverlos, protegerlos y no interferir en su desarrollo limitando así su propia capacidad de maniobra y la del mercado y equilibrando así la brecha social entre los sectores más ricos y más empobrecidos de la sociedad. Implica además una opción por la equidad y la justicia social que permite crear confianza y disipar el miedo.

Existen dos obstáculos adicionales, además de la falta de voluntad de los gobiernos en el camino de resignificar la ciudadanía para que tenga un contenido más amplio.

De una parte, la falta de conciencia de buena parte de las ciudadanas y los ciudadanos en relación con cuáles son derechos. Y de otra el miedo a quedar «señalados» si los ejercen.

Educar en el conocimiento de los derechos, pero también en perder el miedo a ejercerlos y reivindicarlos es esencial para contrarrestar el miedo. La democracia se afianza a partir de la conciencia ciudadana de derechos y del ejercicio cotidiano —no excepcional— de los mismos. Para ello es imprescindible que aquellos y aquellas que tienen conciencia ciudadana no se dejen paralizar por el miedo y la ejerzan, dando así ejemplo. Pero también es necesario que presionen a los gobiernos para que difundan y expliquen los derechos humanos.

Recomponer y recrear

La democracia se construye día a día desde el ejercicio consciente de actitudes y decisiones tomadas por ciudadanos libres e iguales en dignidad y derechos. Ello constituye el mejor antídoto contra el miedo. El sociólogo Michael Walzer afirma que «la democracia exige la vida y el diálogo en la plaza». Es decir: en los espacios donde las personas se encuentran, se reconocen, se interpelan. Donde ponen vida y comparten vida. La plaza es pues el espacio donde manifestarse, donde posicionarse contra las «torres de Babel» el individualismo que impide todo acercamiento, todo encuentro y comunicación.

> «Contra la torre de Babel tendemos puentes. Lazos que invitan a entender. Contra la torre de Babel hacemos mundos hechos de mezcla y de saber. Contra la torre de Babel cerramos zanjas en las fronteras del poder. Contra la torre de Babel nos asombramos y decidimos conocer». (Pedro Guerra, 2001)

Se trata así de volver a las «plazas». Algunas siempre «han estado ahí»: los parques, los mercados, las bibliotecas, las universidades, las terrazas... pero también existen nuevas plazas en las que hay que buscar la forma de encontrarse. Plazas en las que hay nuevas reglas de juego dictadas por el Algoritmo y la inteligencia artificial con los que hay que «saber lidiar». La plaza del metaverso y las plazas de las redes sociales. Desde esas plazas en las que también hay que estar, se debe confrontar el discurso del neoliberalismo que propaga miedos, angustias y odio.

En este sentido, cada uno, cada una está llamado a hacer espacios de encuentro de las «plazas» en las que vive e interactúa.

El individualismo y la meritocracia que erosionan la comunidad

Uno de los elementos que en mayor medida contribuye a erosionar la solidaridad es el discurso meritocrático que legitima el individualismo: El paradigma neoliberal de la absolutización del mercado no se entiende sin la cobertura que proporciona el discurso meritocrático basado en la premisa según la cual la posición socioeconómica que ocupa una persona en el sistema es consecuencia de sus propios méritos o fracasos, de sus esfuerzos realizados o no y de decisiones tomadas oportuna (adecuada) o inoportunamente. La principal consecuencia de esta concepción es que propicia un juicio moral en virtud del cual se considera a las personas vulnerables o excluidas responsables de su propia suerte sin que haya referencia alguna a cuestiones de carácter estructural, lo cual legitima a quien ostenta el poder para adoptar medidas punitivas y políticas de control sobre los presuntos negligentes .

El principio de la meritocracia se aplica también a los países de la periferia del sistema capitalista. Aquellos que, de acuerdo con Inmanuel Wallerstein (1989), proveen de materias primas y recursos humanos a los países centrales para que el sistema capitalista siga funcionando, y cuya relación con ellos y con sus habitantes reproduce patrones coloniales.

Víctor Renes en su obra *La gran desvinculación* afirma que el fin de la propuesta neoliberal no es otra que la producción de un sujeto homogeneizado a una lógica competitiva, vuelto sobre sí mismo, sin lazos , ni relaciones ni responsabilidades relacionales o colectivas, que desarrolla una cultura de la salvación individual obviando a los demás produciéndose así su objetualización, de modo que se convierta en precio y mercancía del propio mercado. El resultado de todo ello es la desaparición progresiva de la comunidad (Renes, 2023).

ERRADICAR LAS NARRATIVAS DEL MIEDO SOBRE LA QUE SE CONSTRUYE LA DOMINACIÓN DE PERSONAS Y PUEBLOS

Cuestionar los discursos que conducen a la parálisis y el miedo

Si, como se ha dicho anteriormente, es necesario educar en una sensibilidad conectada con la historia y en el conocimiento de los derechos propios y el reconocimiento de los ajenos, esto es inseparable de la obligación de desmontar el argumentario desde el que se tergiversa la realidad y se vulneran los derechos. Un argumentario que mantiene a la ciudadanía adormecida y temerosa, tal y como dice León Felipe en su poema: Sé todos los cuentos

> «Yo no sé muchas cosas, es verdad.
> Digo tan solo lo que he visto.
> Y he visto:
> que la cuna del hombre la mecen con cuentos,
> que los gritos de angustia del hombre los ahogan con cuentos,
> que el llanto del hombre lo taponan con cuentos
> que los huesos del hombre los entierran con cuentos
> y que el miedo del hombre
> ha inventado todos los cuentos.
> Yo no sé muchas cosas, es verdad.
> Pero me han dormido con todos los cuentos
> Y sé todos los cuentos».
> (León Felipe. Llamadme publicano, 1950)

La manipulación del discurso

Es preciso conocer los «cuentos», las narrativas que legitiman situaciones de injusticia estructural como también lo es saber leer las coordenadas de cada momento histórico y entender qué paradigma domina tras la forma de sentir pensar y actuar en el mismo.

La manipulación de la realidad a través de relatos no veraces o directamente falaces alimenta las opiniones y los aforismos de los que a menudo «bebe» la sociedad. Si comunicar es gestionar percepciones, no cabe duda de que en ocasiones la intención del comunicador no es tanto informar sobre una situación sino buscar una reacción pretendida. Alex Grijelmo desvela cómo se puede mentir omitiendo datos verdaderos o incluso mezclando datos falsos con verdaderos y cómo ésto es una práctica más común de lo que parece en los medios de comunicación (Grijelmo, 2014) . La comunicación leal ha de transmitir un relato «veraz». Los hechos «verdaderos» tienen como requisito el de ser ciertos, pero un relato «veraz» va más allá, puesto que no puede ser fuente de engaño. Un relato verdadero consiste en decir la verdad, toda la verdad y nada más que la verdad.

El algoritmo tiene un papel fundamental en la configuración de la opinión pública y también influye en las decisiones que afectan a la vida de los ciudadanos y ciudadanas.

En el libro *La invasión del algoritmo* Gabelas-Barroso y Bordignon afirman lo siguiente:

«Una manifestación que envuelve el algoritmo es la hiperpersonalización de los datos de los usuarios que manejan las corporaciones tecnológicas y los gobiernos. Convierten a sus públicos en patrones estadísticos de consumo. Muestran los contenidos más afines a cada individuo impidiendo la diversidad y el pluralismo frente a cualquier idea o proyecto. De esta forma se encapsula al ciudadano en una corriente de opinión afín, coartando la libertad de ideas y condicionando la libertad de expresión. Por tanto se evita que nuestros cinco sentidos privados y subjetivos y sus datos sensoriales puedan ajustarse a un mundo no subjetivo y objetivo que tenemos en común y compartimos con los demás». (Gabelas-Barroso & Bordignon, 2023).

Por su parte, Shoshana Zoboff explica en el libro *El capitalismo de vigilancia* (2018) cómo en el año 2011 se llevó a cabo un experimento en Georgia (EEUU) denominado *Aware Home* (hogar atento, en castellano) que pretendía poner límite a la recopilación de datos personales por parte de las empresas a partir del cumplimiento de una serie de principios. A saber: que solo el individuo debe decidir cuáles de sus experiencias quiere que se conviertan en datos, que los datos están al servicio de la persona, y su finalidad es, por consiguiente, enriquecer su vida y, finalmente, que el individuo es el único juez que decide cómo se comparten o utilizan sus datos.

Sin embargo, ese camino que habría posibilitado que «el individuo fuera un fin en sí mismo y no un medio para los fines de los demás» no cuajó y en la actualidad, el capitalismo de vigilancia controla y domina comportamientos y aprendizajes a través de algoritmos, sin que sea fácil ponerle coto. Si bien instrumentos como la Ley de Mercados Digitales de la Unión Europea se han revelado eficaces en este sentido.

El algoritmo se ha instalado también en el Estado del Bienestar. En su informe relativo al Estado de Bienestar Digital, el relator de Naciones Unidas para la extrema pobreza y los derechos humanos destaca cómo la digitalización del Estado de Bienestar incorpora una lógica de cliente-proveedor en la que se parte de la premisa de que las personas no son titulares de derechos sino meros solicitantes de prestaciones, las cuales, sí de acuerdo al algoritmo que se usa, cumplen las condiciones de las mismas podrán ser merecedores de las mismas y si no, no las obtendrían. El algoritmo, así planteado, refuerza la concepción de usuario como potencial destinatario de prestaciones condicionales y no como titular de derechos subjetivos inalienables (Alston, 2019).

El algoritmo nunca es neutral aunque lo parezca, sino que está al servicio de quien lo crea. Por consiguiente, no es lo mismo un algoritmo al servicio de los derechos de las personas que un algoritmo que busca el control de las mismas. Uno de los grandes desafíos de la sociedad actual es limitar el poder de quien controla los algoritmos e introducir en ellos enfoques respetuosos con la dignidad humana y los derechos humanos denunciando los efectos adversos que pueden producir.

La polarización rentable

Amin Maalouf en su libro **Identidades asesinas** destaca la riqueza que supone poder integrar armónicamente en la identidad de una persona los distintos elementos que la configuran porque eso favorece la tolerancia mutua y el diálogo, pero al mismo tiempo plantea que «si esas personas no pueden asumir por sí mismas sus múltiples pertenencias, si se les insta continuamente a que elijan un bando u otro, si se las conmina a reintegrarse en las filas de su tribu entonces es lícito que nos inquietemos por el funcionamiento del mundo» (Maalouf, 1999).

En la misma línea, Torcal en su libro *De votantes a hooligans* hace referencia a lo que llama «polarización afectiva» definiéndola como potencialmente peligrosa para la democracia al aglutinar "una colección de identidades que se refuerzan mutuamente lo cual provoca que «los grupos diferentes al propio sean percibidos como una amenaza a la existencia del propio grupo» (Torcal, 2023).

No cabe duda que en el momento actual nos encontramos en un momento de polarización afectiva extrema en que algunos actores de clara ideología esencialista buscan generar una contraposición entre las diferentes identidades de modo que parezcan incompatibles: izquierda-derecha, nacionales-extranjeros, jóvenes-mayores, cristianos-musulmanes, judíos-palestinos…, y para ello se manipulan argumentos e imágenes, se exageran opiniones descalificando al «otro» sin pudor ninguno aunque a veces no sea veraz lo que se afirma, produciendo así una atmósfera de temor y odio.

Ser capaces de confrontar discursos maniqueístas que simplifican la realidad y polarizan el ambiente. Plantear que las identidades no tienen porqué ser excluyentes y que constituyen una riqueza y facilitan el diálogo y la comunicación intercultural. Desmontar narrativas no veraces que mezclan elementos verdaderos con otros falsos o que ocultan realidad para así manipular a la *ciudadanía,* son obligaciones éticas que competen a todos y todas y que precisan de una atención y una formación continua.

Cultura de paz y construcción de comunidad

La comunidad es el espacio donde tiene lugar la empatía y el reconocimiento mutuos. El ámbito donde sobrellevar incertidumbres y conjurar los efectos del miedo y del individualismo exacerbado que promueven los mensajes meritocráticos (Sandel, 2019). La salud democrática de una sociedad está íntimamente relacionada con la calidad de los vínculos comunitarios que en ella existen, con su cohesión interna y con el modo en que se abordan las fracturas sociales y se respetan los derechos. Para ello es esencial la educación y más específicamente la educación en una Cultura de Paz en la que nadie se quede atrás. Una cultura que necesariamente deberá ser construida «a fuego lento». Solo de esta manera se puede hacer la transición de súbditos a ciudadanos. Como bien recuerda Federico Mayor Zaragoza:

> «Educación para todos. No para unos cuantos. Y todos es muy peligroso, porque los educados no permanecerán impasibles, resignados, sometidos. No serán espectadores sino actores. No receptores adormecidos, distraídos, atemorizados, sino emisores. No permanecerán silenciosos ni silenciados. Expresarán con firmeza, pero pacíficamente sus puntos de vista» (Federico Mayor Zaragoza, 2010).

Construir la paz en la mente (y en el corazón) de las personas: una tarea pendiente

Era en julio de 1989, cuando en el marco de un congreso auspiciado por la UNESCO en la ciudad africana de Yamusukro, en Costa de Marfil, se habló por primera vez de la importancia de que la paz se asentara en la mente de las personas.

Yamusukro constituiría un importante precedente de lo que posteriormente resultaría ser la Declaración y el programa de Acción de las Naciones Unidas Para una Cultura de paz, entendida ésta como «un conjunto de valores, actitudes, tradiciones, comportamientos y estilos de vida, basados en el respeto a la vida, el fin de la violencia y la promoción y la práctica de la no violencia por medio de la educación, el diálogo y la cooperación».

Pero también... «El compromiso y la promoción de todos los derechos humanos y las libertades fundamentales. El compromiso con el arreglo pacífico de conflictos, el respeto a la promoción del derecho al desarrollo, a la igualdad de derechos entre hombres y mujeres, la adhesión a los principios de libertad, justicia, democracia, tolerancia y solidaridad» (Naciones Unidas, 1994).

Construir una cultura de paz requiere hacer la transición desde una cultura «de guerra» que ha sido alimentada durante generaciones y en la que se normaliza el conflicto y las diferencias entre personas y culturas, para a partir de ahí hacer la transición hacia una cultura del encuentro y de la empatía que, para desarrollarse, precisará una voluntad sostenida y un esfuerzo individual y colectivo de los estados, de la sociedad en general y de los ciudadanos y ciudadanas en particular. El problema es que en el momento actual existen serias dudas de que los Estados tengan la voluntad de promover una cultura de paz.

Basta con asomarse a los libros de historia, a las letras de numerosos himnos nacionales, a determinadas manifestaciones culturales y religiosas, a numerosos refranes, canciones o dichos populares para constatar hasta qué punto la cultura de la guerra ha contribuido a configurar la mentalidad de las personas, la idiosincrasia de la sociedades e incluso la identidad de cada país. Lo cual permite hacerse una idea de lo complejo que es establecer una cultura de paz, máxime en un momento histórico como el actual en que hay una inequívoca apuesta por el rearme, se allana el terreno y se prepara el discurso para que las personas asuman como inevitable la guerra.

La cultura de paz no se construye hablando «genéricamente» de paz, haciendo un revisionismo de los libros de historia, resignificando los museos, impartiendo la asignatura de Educación para la Ciudadanía en los centros o incluyendo de modo transversal la educación para la paz en los currículos escolares o académicos. Todos estos elementos son necesarios pero en modo alguno son suficientes. Se necesita crear unas condiciones para las que el horizonte de la pobreza y el miedo e incertidumbre que generan sean progresivamente erradicados, lo cual supone tomar decisiones políticas y económicas radicales.

Se precisa asimismo realizar una labor pedagógica que explique que la dignidad de la persona es solamente posible si se asienta desde unas condiciones sociales y económicas de justicia y equidad.

No es casualidad que en el texto de la Declaración para una cultura de paz se afirme que esta «solo es posible desde la erradicación de la pobreza y el analfabetismo y la reducción de las desigualdades entre las naciones y dentro de ellas» (art 3.f).

Una paz asentada sobre la opresión nunca puede ser duradera. Por eso la tarea de construir una cultura de paz es lenta, por cuanto conlleva una revisión de todo el andamiaje de injusticia sobre el que se ha construido el equilibrio *(des-equi-librio)* a nivel local, nacional y global, al tiempo que busca apostar por un desarrollo social y económico sostenible que es precisamente lo que actualmente pretenden los Objetivos de Desarrollo Sostenible.

La creación de una cultura de paz precisa por tanto del reconocimiento de las injusticias cometidas, de la asunción de las mismas, del compromiso con la erradicación de situaciones futuras de injusticia, de la reparación y, en su caso, del perdón. Supone poner las bases que posibiliten que situaciones de injusticia y vulneración de derechos no se vuelvan a producir en el futuro.

Educar en una cultura de paz es por tanto educar en cómo encauzar, restaurar y vehicular constructivamente el dolor y la sed de justicia de tantas personas oprimidas, cómo revertir situaciones de privilegio que someten al otro, cómo naturalizar que el diálogo franco, la resolución de conflictos y la empatía son vías imprescindibles para la construcción de una paz asentada en la justicia.

Es la hora de la ciudadanía (a modo de conclusión)

Existe un debate en la academia y en la opinión pública relativo a si el contexto político actual sería equivalente al que dio inicio a la Segunda Guerra Mundial. Ciertamente hay aspectos que podrían sustentar esta postura como son: el auge de los nacionalismos, el resurgimiento de la fiebre expansionista de algunas potencias, las reacciones dubitativas de estados y organismos ante agresiones que se producen. El debilitamiento del multilateralismo y el aumento de la polarización social y política. Sin embargo existen otros elementos que permiten mantener la esperanza como son: la existencia de numerosas estructuras multilaterales que, si bien debilitadas, todavía pueden seguir siendo un contrapeso a los abusos y las extorsiones de los Estados. La existencia de cierta conciencia de derechos entre la ciudadanía. La memoria todavía viva sobre lo que supusieron las atrocidades de las dos guerras mundiales, a lo que hay que añadir las imágenes de lo que están suponiendo guerras como las de Ucrania y Yemen o el Genocidio en Gaza.

Es verdad que el ambiente internacional propicio en el que se desarrolló la declaración y el programa de acción para una cultura de paz ya no existe. Es verdad que no es verosímil pensar que estados que están invirtiendo ingentes cantidades en armamento y cultivando discursos belicistas van a ser agentes creíbles y activos en la promoción de una cultura de paz que debería permear sus instituciones y su personal. Sin embargo conviene no olvidar que fue la presión social y popular y no la iniciativa de los Estados la que promovió que se redactara, promulgara y aprobara la Declaración Universal de los Derechos Humanos, y que crecientes sectores de la sociedad se están posicionando actualmente en contra de las guerras y del aumento en la carrera armamentística.

Es la hora de la ciudadanía consciente que debe alzar la voz y posicionarse, ante quienes no dibujan otro horizonte que la inevitabilidad de un conflicto bélico. Es la hora de que la ciudadanía despierte del estado de shock, tome conciencia de su papel y asuma la responsabilidad de apostar decididamente por el diálogo cambiando, como bien diría Federico Mayor Zaragoza, el *Si vis pacem para bellum* por el *Si vis pacem para verbum.* Ello deberá hacerse desde un «conocimiento consciente y situado» de la realidad y desde una resistencia política y colectiva:

> «La resistencia política suele ser un fenómeno espontáneo que surge a partir de la base y es fruto de la toma de conciencia de lo que de verdad está en juego. Ese darse cuenta no conduce a buscar una salida ni una salvación individual, sino comunitaria, social. El resistente no solo ni prioritariamente ni prioritariamente piensa en sí mismo» (Esquirol).

Una resistencia que precisará de paciencia, coraje e inteligencia estratégica para autoorganizarse y perseverar en los distintos ámbitos de actuación a sabiendas de la persecución a la que sistemática e inevitablemente se verán sometidos los implicados (Esquirol), porque la represalia, el castigo y la reprobación llegarán para quienes despierten conciencias... y para quienes se posicionen en favor de la justicia y la paz.

Sin embargo es importante no perder nunca la esperanza en que, como decía Eleanor Roosevelt, un mundo nuevo y mejor está por llegar y para ello es necesario no perder jamás la esperanza, como también señalaba Arcadi Oliveres.

Bibliografía

Alston, P. (2019) *Estado de bienestar digital y derechos humanos.* Informe del Relator de las Naciones Unidas sobre Derechos Humanos y la extrema pobreza A/74/493. Naciones Unidas. Ginebra

Bauman, Z (2007) *Liquid Fear.* Cambridge Polity.

Belmonte, 0. (2022) *Víctimas e ilesos. Ensayo sobre la resistencia ética.* Herder. Barcelona

Esquirol, J.M (2015) *La resistencia íntima: ensayo de una filosofía de Proximidad.* Acantilado. Barcelona

Felipe, L (1993) *Antología Poética.* Madrid. Alianza.

Fouteau, C. (2025) *Frente a Trump evitemos el shock y el miedo en Infolibre. (www.infolibre.es) Actualizado el 11 de febrero de 2025*

Gabelas-Barroso. J.A, García Marín, D y Aparici, R (coords) (2023) *La invasión del algoritmo.* Barcelona, Gedisa.

George, S. (2013) *El informe Lugano II. Esta vez vamos a liquidar la democracia.* Ed Deusto. Bilbao

Glendon, M.A. *A world made new. Eleanor Roosevelt and the universal declaration of Human Rights.* Random House, New York

Grijelmo, A. (2014) *Mentir contando la verdad* en El País 14-5.2014. Recuperado de https://elpais.com/elpais/2014/04/30/opinion/1398880495_961056.html

Guerra, P. (2001) *Babel* en Album Ofrenda . BMG Music Spain

Maalouf, A. (2007) *Identidades asesinas.* Madrid. Alianza

Mayor Zaragoza, F. (2015) *La luz infinita de la palabra. Anfora Nova.* Revista Literaria nº 103-104. Rute.

Sandel, M . (2021) *The tyranny of merit: What has become of the common good?* New York Penguin

Renes, V. (2023) *La gran desvinculación: Las bases de una nueva estructuración social.* Sonora. Madrid.

Torcal, M.(2023) *De votantes a hooligans: La polarización política de España.* Madrid. Los libros de la catarata.

Ullman. H y Wade, J (1996) *Shock and wave: achieving rapid dominance.* University of the defence. Washington

Wallerstein, I (2017) *El moderno sistema mundial.* Tomos I, II, III y IV. Madrid Siglo XXI

Walzer, M (1983) *Spheres of Justice.* New York. Basic Books.

Zuboff, Shoshana. (2019) *The Age of Surveillance Capitalism: The Fight for a Human Future at the New Frontier of Power.* New York: PublicAffairs.

Biografías

Federico Mayor Zaragoza

Nació en Barcelona, en 1934. Doctor en Farmacia por la Universidad Complutense de Madrid (1958). En 1963 fue catedrático de Bioquímica de la Facultad de Farmacia de la Universidad de Granada; y en 1968 llegó a ser rector de esta institución. Catedrático de Bioquímica en la Universidad Autónoma de Madrid (1973-2004).

Cofundador en 1974 del Centro de Biología Molecular «Severo Ochoa», ministro de Educación y Ciencia (1981-82). Diputado del Parlamento Europeo en 1987. Director general de la UNESCO de 1987-1999. Durante cuyo mandato se constituyó el Programa de Cultura de Paz, cuya labor se organizó en cuatro vertientes principales: la educación para la paz, los derechos humanos y la democracia; la lucha contra la exclusión y la pobreza; la defensa del pluralismo cultural y diálogo intercultural; y la prevención de conflictos y consolidación de la paz.

Con la Fundación para una Cultura de Paz, que presidió desde su constitución (2000) hasta su fallecimiento en 2024, continuó la labor emprendida en la UNESCO de impulsar en todos los ámbitos del quehacer humano, el tránsito de una cultura de violencia e imposición a una cultura de paz y tolerancia.

Desde 2016 hasta su fallecimiento en 2024 copresidió el Instituto Universitario de Derechos Humanos, Democracia, Cultura de Paz y No Violencia (DEMOSPAZ), cuya creación impulsó mediante convenio entre la Universidad Autónoma de Madrid y la Fundación Cultura de Paz, con el objetivo de vincular a la comunidad académica los derechos humanos, los derechos humanos y la cultura de paz y no violencia, en un coyuntura histórica de cambios cruciales, con una crisis sistémica que requiere de respuestas basadas en los valores de justicia, de solidaridad y de igualdad.

Federico Mayor Zaragoza falleció en Madrid el 19 de diciembre de 2024.

Emilio José Gómez Ciriano

Nació en Madrid en 1970. Es profesor titular de la Universidad de Castilla-La Mancha (Facultad de Trabajo Social), responsable de Derechos Humanos de la Comisión General Justicia y Paz de España y vicepresidente de la Federación Española de Derechos Humanos. Es director del Grupo de Investigación Alter-Acción de la Facultad de Trabajo Social de Cuenca desde la que ha dirigido varios proyectos. Es también autor de numerosas publicaciones y miembro de consejos editoriales de varias revistas científicas. Sus principales líneas de investigación son las migraciones internacionales y los derechos humanos.